PoetryPhotographs

Zwischen Wanderlust & Sommerluft

PoetryPhotographs

Zwischen Wanderlust & Sommerluft

Poesie & Notizen

Bibliografische Information der Deutschen
Nationalbibliothek:
Die Deutsche Nationalbibliothek verzeichnet diese
Publikation in der Deutschen Nationalbibliografie;
detaillierte bibliografische Daten sind im Internet über
http://dnb.dnb.de abrufbar.

Herstellung und Verlag: BoD – Books on Demand,
Norderstedt

ISBN: 978-3-7578-8205-1

Weil die Welt mehr Fantasie braucht…

WANDERLUST

Nachts

Nachts
singen die Vögel leiser
und die Sterne
bedecken den Horizont.
Mondlicht scheint zwischen
den Wolken hervor.

Wohnzimmerfenster sind erleuchtet,
heißen die Heimkehrenden willkommen.

Leiser werdende Straßen
rote Rücklichter tanzen
im Feierabendverkehr.

Straßenlampen zünden sich an,
wenn es zu dunkel wird,
um den nächtlichen Gestalten,
die wankelnd lächelnd nachts rumalbern
den Weg vor ihnen zu weisen.

Heimlichkeiten unter Bettdecken
versteckte Gute Nachtküsse
und Schlaf Gut Wünsche
werden ins Ohr geflüstert.

Ein jeder dreht sich auf seine
Lieblingsbettseite,
denn nachts ist alles ein bisschen
ruhig & leise.

Road-tripping

I wanna go on road trips all day long.
Stop there and there and maybe there.
I want to see the nature and
the beauty all around us.

To feel alive as much as I can
To breathe
To run
To feel free
To explore
To hike
To swim

Sometimes sleeping

And wake up to hit the road again,
not knowing what will happen the next day.

I wanna go out and see the world.
In her beauty everyday
continuous spaceless
again and again

I wanna see
as much as I can.

Der Reisende

Der Reisende hat viel zu berichten
von Menschen, Gerüchen,
anderen Früchten.

Von Orten, die ihm zauberhaft
und verwunschen erschienen.

Unwirklich

und doch wahrhaftig
in seinem Gedächtnis blieben.

Und von denen er zu erzählen beginnt
und seine Augen
funkelnd schimmernd aufleuchten,

wenn er an seine
vergangene Reise zurückdenkt.

Wüstenkind

Dein Schal flattert im Wind.
Leuchtende Augen stechen hervor.
Endlose Dünen
Sand und Wind
Gewissheit im Herzen
Vertrauen im Weg

Du weißt, wo es in dieser Welt
fruchtbare Oasen gibt.
Vielleicht auch das Meer,
nachts der Sternenhimmel,
so nah und doch so fern.

Machst Schritte,
die nicht mehr wiederkehren,
denn du bist ein Wüstenkind.

Lebst mit dem Sand
unter deinen Füßen
und trägst im Geiste
mit dir den immer
wiederkehrenden Wind.

Wüstenkind.

Reiseträume

Ich träume so von Meeresrauschen
und Sonne im Gesicht
von unbefahrenen Straßen
und geheimen Reiseecken,
die es zu entdecken gibt.

Ich träume auch von einsamen Buchten
und verwinkelten Schluchten,
vom Sand der an meinen Zehen reibt
und Wind der mir die Tränen
in die Augen treibt.

Von Aussichten, die mir den Atem nehmen
und von Menschen,
die mir ihre Geschichten erzählen.
Von Bergen, die mich nach oben rufen
und von Früchten, die mir den Tag versüßen.

Von Sternen, die mir den Weg erleuchten
und von Schlafplätzen,
die mich in meine Träume geleiten.

...

Bevor ich anfange,
nach den Sternen zu greifen,

suche ich nach Händen,
die mich halten.

Die mich auffangen,
wenn ich mal falle

und die mir neue
Richtungen aufzeigen.

Vermissen

Ich schreibe deinen Namen
aufs Papier,
einfach weil es schön ist,
ihn vor mich hinzulesen.

Und stelle mir vor
wir würden
Face-to-Face

endlich mal wieder
miteinander
reden.

...

Im Schneegestöber
sehe ich Fußspuren,
die sich verlieren.

Die vom Winde
verweht werden,
als wäre nichts geschehen.

Als wäre keine Person
dort entlang gegangen
und hätte sich

zwischen Himmel
& Erde im Schnee
verfangen.

Weitblick

Auf den Dächern dieser Welt
sieht alles viel kleiner aus.
Ich breite meine Arme aus,
drehe kleine Kreise.

Leise dröhnt Musik aus der Lautsprecheranlage
mein Herz schlägt laut.
Ich will diesen Moment behalten
und auf alle großen Dächer dieser Welt steigen.

Die Aussicht von oben betrachten
und all die unnötigen Sachen
unten auf der Straße
zurücklassen.

...

Zeitgefühl
verloren gegangen.
War am Strand.
Füße im Sand.
Kühle Brise
durchweht meinen Körper sanft.

Wasserperlen
schrumpfen zu Salzkrustenschlieren
zusammen.

Meine Augen blicken
in die endlose Ferne.

Die Zeit verliere ich am Meer
so unglaublich gerne.

...

Und die Vögel fliegen davon
hin zum Horizont.
Kleine schwarze Punkte
verblassend
alles hinter sich liegend
lassend
in ein neues Land.
Der Wind streift durch das Federkleid.
Beobachtungen von oben
unbeschwert, leicht und frei.
Manchmal muss man
wie Vögel losziehen und
etwas anderes von der Welt sehen,
um danach zurückzukehren
und das schöne altbekannte
mit anderen Augen
wiederzusehen.

Neu

Neu
Anders
Unterschiedlich

Neu

Die Luft
Die Menschen
Der Geruch
Die Sprache
Das Verhalten
Das Essen

Aufregend prickelnd
geladene Stimmung
Beisammensitzen
Quatschen
Erste Kontaktversuche
Schüchternes Lachen
Stimmungsauflösung
Freiheit

Denn alles ist neu.

Wochenendausflug

Und wir packen unsere Sachen zusammen.
Stopfen alles, was uns wichtig erscheint
in die zwei Außentaschen deines Motorrads hinein.
Für die paar Tage auf der Straße.

Setzen unsere Helme auf
ein letzter Blick in die Wohnung
und dann fliegt die Tür schon zu.

Juhu!

Ich setze mich hintendrauf
der Motor brummt leise
und du lenkst uns auf deine Art und Weise
in ein neues Abenteuer hinein.

Der Fahrtwind macht mich wach
und meine Haare flattern im Wind.
Auf und ab.
Ich halte mich an dir fest
und genieße es
zu fahren und neue Landschaften
hinterm Horizont zu erahnen.

Nicht zu wissen, wo wir schlafen
und die Möglichkeit zu haben
einfach anzuhalten,
wenn es uns Spaß macht.

Momentaufnahme

Fokussiert,
herangezoomt,
in der Mitte positioniert.

Ein scheues Lächeln
auf die Sekunde abgedrückt,
der Schalter vibriert.
Eingebrannt,
gefangen,

der Moment unwiederholbar vergangen.
Doch trotzdem mehrmals ansehbar
auf zuerst feuchten,
danach mattschimmernden Gelatinepapier,

ist der vergangene Moment,
trotzdem
im Hier.

...

Sandkörner kleben
an meinen nackten Füßen.
Und ich will, dass sie
für immer kleben bleiben.

Genau wie ich dieses Gefühl
für immer behalten möchte,
mit Meersalz gewaschenen
noch nassen Haaren
& von der Sonne geküssten Körper,

einfach in den Bus zu steigen,
die Musik laut aufzudrehen
und an den nächsten schönen Ort

spontan und frei
die Straße entlangzufahren.

...

Alles verschwimmt ineinander
wirbelt herum
nah beieinander
Ecken und Kanten
werden rund
und fallen in sich zusammen
wie auf der Erdkugel
fließt alles zueinander.

Abhauen vom Leben

Lass mal abhauen vom Leben.
Einfach den Rucksack packen,
den Daumen am Straßenrand heben
und irgendwo, wo es schön ist

aussteigen.

Dort ein leckeres Eis kaufen
und ein bisschen verweilen.
Vielleicht zum Strand laufen
sich oben auf die Klippen setzen
und der Sonne beim untergehen

zuwinken.

Bauwagentage

Küsse verteilt,
heimlich herumgeknutscht
im stickigen Bauwagen.

Zwischen der Mittagshitze
und abkühlenden Schwüle
eng umschlungen geliebt.

Abends am Lagerfeuer
aneinandergehalten,
die Funken beobachtet
wie sie kurz in den Himmel aufsteigen.

Und wie sich, je später es wurde
sanft der Sternenhimmel
über einen entfaltet.

Morgens in den See gehüpft
zusammengeschwommen
untergetaucht
aneinander festgehalten.

Wasserperlen
leuchten im Sonnenschein
auf der Haut glitzernd
werden eingezogen.

Trocken liegend am Steg
von der Sommersonnenhitze
verpufft.

Wie die Tage
so schnell
vorbei.

Ein Paddel des Kanus
taucht ein ins Wasser,
will vorankommen
neue Ufer entdecken

und gleichzeitig auf der Stelle
mitten im See verweilen,
wie der Wunsch,

die Tage für immer
so festzuhalten.

...

Die Sonne knallt auf den Asphalt
gelbe Linien auf Straßen
zeigen ins Nirgendwo
Wald an Wald
See nach See
Wechselwachsende
Schatten die von
Baumwipfeln auf die Straße fallen.
Ab und zu Gegenverkehr
und keine Lust
zurückzukehren.

Abenteuersehnsucht

Wenn ich abends schlafen gehe,
und meine Augen schließe,
tauchen Bilder auf von mir unbekannten Orten,
von staubigen Straßen, die ich mit einem Fahrrad entlangfahre
und grünen Ananasplantagen.

Von Cafés, die duften
und historischen Gassen
die sich ineinander verbiegen.

Von Häusern, die schräg stehen
und trotzdem nicht kaputt gehen
von Grillenzirpen so laut,
dass verwundert meine Augen aufschauen
nur um festzustellen, es war alles nur ein Traum.

Doch sobald ich sie wieder schließe,
befinde ich mich wieder auf Reisen.
Irgendwo mitten auf einem Segelboot im Meer
oder zwischen Palmen und Papageien,
die mir krächzend eine Botschaft erteilen.

Hänge ab in Hängematten
und lasse meine Seele baumeln.
Höre in provisorischen Bars
leise Gitarrensounds vermischt mit Ozeanrauschen.

Wandere Berggipfel entlang,
um eine bessere Aussicht zu haben.
Wache jeden Morgen mit der Sonne auf
folge dem Naturkreislauf.

Sitze abends an Lagerfeuern,
lausche anderen Geschichten
und schreibe sie später heimlich alle auf.

Und wenn ich dann wirklich morgens
aus meinen Träumen erwache,
schlägt mein Herz laut
und führt mich raus

in die große Welt hinaus,
um all das, was meine Träume
mir so süß versprechen
wahrhaftig zu entdecken.

DAZWISCHEN

Der grenzenlose Träumer

Er ist oft nicht zu fassen,
manchmal, nicht wirklich ganz da.
Doch eines Morgens,
nach seinem gewöhnlichen grünen Tee
hat er Mut davon zu reden,
wie er sich die Erde eigentlich wünscht.

Schon sein ganzes Leben lang
ist er davon geprägt
Grenzen und Strukturen
zu verstehen und zu hinterfragen.

Er hat viel nachgedacht und
er versteht es nicht,
wieso es Grenzen,
Staaten und Mauern gibt.

Er schaut sich nicht die kleinen Details an,
sondern philosophiert
über den Sinn dahinter.

Er redet davon, dass jeder auf dieser Welt
entscheiden sollte, wo er leben möchte
und jeder sich hin und her bewegen dürfte,
denn die Erde ist doch für alle da.

Sie ist ein Geschenk an uns,
dass wir gemeinsam pflegen müssten.
Und anstatt Grenzen
durch die ganze Erde zu ziehen,

sollten wir uns lieber darum kümmern,
unsere Welt mit mehr Pflanzen,
Bäumen und Blumen zu zieren.

Wenn Pflanzen tanzen

Es sind die kleinen zarten Gestalten,
die man fast übersieht,
wenn man den Weg entlang geht.

Das Gras, das zwischen
den Pflastersteinen sprießt.
Efeu der ganze Häuser umgibt.
Blumen und andere Pflanzengirlanden
die sich an Zäunen entlang hangeln,

sind alle ein Beweis dafür
dass Zäune, Mauern und Grenzen
nur aus Menschenhand entstehen
und es an uns Menschen liegt,
dass sie überhaupt existieren.

Denn die vielen Pflanzen
und all die anderen Naturvarianten
tanzen zwischen den Asphaltkanten,

kommen hervorgekrochen,
völlig ungebrochen,
denn es ist ihnen egal,
sie suchen nur den Raum nach oben
zur Sonne wollen sie sich strecken.

Sei es ein Haus, ein Stein oder eine Straße
schon nach ein paar Jahren
ohne Menschenhand

werden alle Bauten
von der Natur übermannt.
Denn sie kennt die Regeln nicht,
nach denen wir leben und streben.

Für sie ist klar,
die Welt schon immer ein
grenzenloses Terrain.

Besser

Es ist besser zusammenzuhalten,
als allein voranzuschreiten.

Es ist besser deine Hand zu halten,
als haltlos allein an
einem Abgrund zu stehen.

Es ist besser Hoffnung zu haben,
als hoffnungslos zu Grunde zu gehen.

Es ist besser Vertrauen zu haben
und zu sich selbst zu stehen,
als jemand anderes nachzuahmen
und zu spielen.

Es ist besser, über die eigenen
Fehler zu lachen
als zu viele Tränen zu vergießen.

Es ist besser neue Wege zu gehen,
als eingetretene festgefahrene Straßen,
die tausende Menschen
zuvor schon betraten.

Es ist besser aus dem Muster zu fallen,
als mustergültig brav auszusehen.

Es ist besser deine
eigene Meinung zu vertreten,
als meinungslos unterzugehen.

Es ist besser den Mut zu nehmen
und es zu probieren,
als mutlos nichts zu tun
und es widerstandlos zu akzeptieren.

Es ist besser für deinen Traum
alles zu riskieren,
als am Ende
deines Lebens festzustellen,

dass du all die Jahre vielleicht
nicht richtig verstanden hast,
wie man lebt.

Vielleicht

Vielleicht brauchen wir
ein bisschen mehr Romantik
in der Zwischenmenschlichkeit.

Ein bisschen mehr Rücksicht
und Vertrauen,
um aufeinander aufzubauen.

Ein bisschen mehr Zeit,
um Wunden zu heilen.

Ein bisschen mehr Güte,
um mehr zu teilen.

Ein bisschen mehr
Frieden und Gerechtigkeit

& ein bisschen mehr Hoffnung
für die gesamte Menschheit.

...

Ich habe der Taube
Blumenkörner gegeben.
Und wenn sie die
ausscheißt,
werden die Körner
auf die Erde fliegen.
Und irgendwann
werden an dieser Stelle
dann die schönsten Blumen
hervorsprießen.

Keine Fragen

Und auf dem Asphalt
spiegelt sich leicht
der Mondschein.

Mitten in der Nacht
tanzen wir unter dem
Sternenhimmel.

Die Musik dröhnt
aus den Lautsprecheranlagen.

Und diesmal habe ich
keine Fragen.

Meine innere Stimme ruft
nur ganz laut,
sie will mehr davon haben.

Mehr Menschen,
die gute Laune haben.

Mehr Menschen,
die einem die Hand reichen,
um gemeinsam zu tanzen.

Mehr Menschen,
egal welcher Nationalität,
die eine schöne Zeit haben.

Mehr Menschen,
die unterschiedliche Sprachen sprechen,
und es doch irgendwie geht,
dass man sich gut versteht.

Vergessen

Ich habe vergessen,
wieder langsamer zu gehen.
Und zwischen den Asphaltkanten,
all die schönen Mauerblumen
zu sehen.

Ich habe vergessen,
langsamer zu essen
und wieder all die verschiedenen Gewürze
zu schmecken.

Ich habe vergessen,
die Ohren zu öffnen
und den Klängen zu lauschen,
die tagtäglich unterschiedlich laut
auftauchen.

Ich habe vergessen,
wie es ist Kind zu sein
und nur im Augenblick
ohne Zukunft und Vergangenheit
im hier und jetzt zu sein.

Ich habe nicht vergessen,
den Stift in die Hand zu nehmen
und das vergessene mit Skizzen
zu rekonstruieren.

Riss

Ein tiefer Riss,
zieht sich durch die Porzellanschüssel.
Dunkelblaue Blumen auf weißem Grund
verzieren das zusammengeklebte Stück
von vor über hundert Jahren.

Und ich wundere mich,
was sich hinter diesem Riss verbirgt.
Wer sie in den Händen hielt
und daraus aß
und wer sie so gut reparierte,
als sie in zwei Stücke brach.

Oberflächlichkeit

Die volle Persönlichkeit
nur erahnt,
angekratzt,
oberflächlich die Haut
aufgekratzt.

Ohne zu schauen,
was wirklich unter den Knochen lag.
Belanglose Themen werden zu Prioritäten.
Wo willst du hin?
Was willst du machen?

Tagein, tagaus dieselben Sachen.
Drehen uns um die gleichen Wörter,
doch eigentlich sind wir verlassen.

Fühlen uns innen hohl
und außen geben wir an,
den Schein zu wahren,
zu existieren, zu leben, zu atmen.

Doch eigentlich suchen wir mehr
nach dem Sinn dahinter.

Nach Zusammenhängen und Verbindungen.
Nach Austausch der fruchtet
und das innere Hohle endlich füllt,
um den äußeren Schein zu zerstören.

Um Einklang zu erlangen.

Innen und Außen
Außen und Innen
Waagerecht ausgeglichen.

Stets stellt sich doch immer weiter die Frage,
warum wir denken, leben und atmen.

Die Straße der vielen Generationen

Langsam gehe ich die Straße entlang,
da vorne sitzt ein alter Mann.
Kurz halte ich bei ihm an,
und er fängt zu erzählen an.

Wie in Trance zählt er Sachen auf.
Wörterfetzen fliegen an mir vorbei
und dringen in mein Gedächtnis ein:
„Stell dir vor mein Junge,
die Straße vor dir wäre voller Leben.

Da vorne Kinder,
die Mal streiten aber auch vergeben.
Und die es interessant finden
andere Werte, Traditionen,
Schriften und Sprachen zu begegnen.

Und weiter hinten, siehst du da?
Genau die Jugendlichen,
fangen an sich umzudrehen
und anstatt aneinander vorbei
nehmen sie sich bei der Hand
und versuchen miteinander
verständnisvoll umzugehen.

Und dort vorne genau die Elterngeneration
Sie sitzen nicht lautlos am Handy
sondern fangen zu erzählen an,
über banale Dinge vom Alltagsleben
und manch einer fängt auch mal philosophische
Grunddiskussionen über das Leben an.

Und auch die Ältesten, ja mein Junge,
so wie ich einer bin.
Fühlen sich nicht mehr einsam und verlassen
von Verwandten, Familien und Tanten,

sondern sehen sich immer noch
als Teil der Gesellschaft an,
die gerne ihre Erfahrungen
teilen mit jedermann."

Ich sitze da in meinem Kopfe
das Bild dieser Straße
der vielen Generationen.

Die Lachen und mal weinen,
sich aber im Herzen wünschen
anderen etwas Gutes zu tuen.

Verwirrt blicke ich nun den alten Mann an,
das Bild erlischt im grauen Dunst
Er lächelt mich an:
„Junge, meine Arbeit ist nun getan."

Und geht mit langsamen
Schritten von dannen…

Seenpfütze

Wassertropfen tropft in die Pfützenweite.
Spiegelbildlich abgeschaut,
verschwommene Flecken,
himmelsweites unergründliches Blau.
Grüne Tannenzweige
formen sich zum Baum.

Abgeschaut doppelt geklaut,
und doch runtergeschaut
in das Pfützenhimmelblau.
Tropf für Tropf formen sich leise
kleine Wellenkreise
erst große dann immer kleinere.

Berühren sich gegenseitig,
alles hängt zusammen,
leitet sie weiter,
wie Ideen sie kommen und gehen.

Werden mehrere berührt,
vielleicht kann dann
aus den Ideen
etwas Neuartiges
nie zuvor Gesehenes entstehen?

Randloser Rand

Kaputt und gebrochen.
Schleier der Welt
legt sich auf meine Augenlider,
wenn ich mich zudröhne
mit toxischen Pillen
oder mit Alkohol versuche,
die Welt anders wahrzunehmen.

Wirklichkeit verschwimmt.
Ich sitze am Rand.
Ganz außen.
Eigentlich ist es kein Rand mehr,
denn ich wurde hierhin gedrängt.
Randlos und doch existent.

Deswegen verkrieche ich mich
oft in die dunkle Ecke.
Ich atme, lebe, kaum sehbar
und doch auffällig da.

An der schmutzigen Ecke
hinter der Treppe.
Vorm Supermarkt
mit dem Becher in der Hand.

Bei U-Bahn Unterführungen
und im Sommer
auf städtischen Parkbänken.

Passanten sind alles Ignoranten.

Manch einer hält an
Drückt mir ne Münze in die Hand.
Andere geben mir Essen
Vielleicht sehen sie mich,
wie ich wirklich bin.

Krümmend am Boden,
schlafend trotz sehr lautem Lärm.
Wann ich das letzte Mal
mich gewaschen habe,
weiß ich nicht mehr.

Für mich sind das alles Fratzen.
Hin und her rennen sie.
Trotzdem bin ich dankbar,
für die wenigen die mich sehen.
Die mir Münzen und Essen geben
für ihr Gewissen.

Sie sollten so froh sein, für das was sie haben.
Und doch sehe ich
so viele unglückliche Gesichter.

Ich frag mich oft wieso?
Doch dann trinke ich einen Schluck mehr.
Mein Kopf wird schwer.
Ich denke nicht mehr daran.

Denn was kümmern mich
die Sorgen anderer,
wenn ich selbst so viele davon habe?
Und noch nicht mal weiß,
ob ich den nächsten Tag,

sitzend in der Ecke,
ganz gedrängt an den Rand
schon wieder schaffe.

Und doch will ich nicht von hier gehen.
Denn mein Bedürfnis nach Leben,
ist trotzdem so stark
ich kann ihn nicht beugen.

Drum sitz ich hier Tag für Tag.
Ganz außen am Rand.
Ein dreckiger kleiner Fleck.
Kaputt und gebrochen.

Der den anderen Vorübereilenden
in der Gesellschaft
nur mit meiner Anwesenheit zeigt,
wie gut sie es haben.

Spiegelgesicht

Duschdampf legt sich
auf die Scheibe nieder,
lässt die Lichter schwächer leuchten.

Feine Perlen rennen nieder,
Körper duften endlich wieder.
Zurückbleiben nur
die dumpfen Schlieren
an den Glasspiegelwänden.

Streicht man sachte drüber,
sieht man sich im Angesicht.
Kaum zu erkennen,
nur die Augen merken

das bin ich.

Der Künstler

Er sitzt im Schneidersitz,
die Kleidung befleckt
vor ihm eine Leinwand
fast ebenso groß.

Das Licht
scheint durch die hohen Fensterdecken
leuchten ihn an,
wie er behutsam

Strich für Strich
mit dem Pinsel
in seiner linken Hand
Farben vermischt.

Und anfängliche Kleckse
zusammen bringt,
damit das Größere ganze
am Ende stimmt.

Mal Zacken, mal flache Konturen
vielleicht ein Wort, vielleicht auch nicht
er hört erst auf,
nachdem die Sonne erlischt.

Und ist nur dann zufrieden,
wenn das Bild vor ihm
seine eigenen Emotionen
wiedergibt.

Die Sprayerin

Nachts, wenn die
meisten Menschen schlafen
und nur in wenigen Fenstern
noch Lichter scheinen,

ist die Sprayerin bereit,
ein bisschen Kunst öffentlich zu verteilen.
Nicht jedermanns Geschmack
von Kritzeleien hält sie selbst nicht viel.

Sie möchte dem grauen Beton
dennoch ein bisschen Fröhlichkeit verleihen.
Lustige Strichmännchen,
farbenfrohe Muster
und ihr Markenzeichen.

Ehe die Dämmerung anbricht
oder ein Polizeiwagen sie erwischt,
schnappt sie ihre vollbepackte Tasche
und macht sich auf und davon.

Das Einzige, was bleibt
ist ihr kleiner Aufschrei
an der Betonwand,
die anstatt grau,
kleine Ornamente und Verzierungen
vorweisen kann.

Oder ein Textschnipsel
der im Vorübergehen
im Gedächtnis bleibt

wie eine kleine Kunstgalerie
für jeden der vorbeiläuft
öffentlich gezeigt.

Novemberblues

Dunkelheit und Kuschelzeit.
Um 5 Uhr nachmittags
ist es bereits so weit.

Nebelschwaden hängen über den Feldern
verhängen die wenigen Sonnenstrahlen
die sich durch die Wolken wagen.

Künstliche Lichter leuchten greller
und die Wohnungen werden geselliger.
Kerzenschein flackert an Fenstern.

Drinnen spielt leise der Blues
und die Füße wippen im Takt
als wäre gestern noch Sommer.

Eine Ode an die Langsamkeit

Und ich sehe mehr, wenn ich langsam gehe.
Ich erfahre mehr, wenn ich anhalte und mit Personen rede.
Ich achte mehr auf die Dinge, um mich herum,
wenn ich Pause mache und nicht ständig denke
an die vielen tausend anderen Sachen.

Ich bin glücklicher, wenn ich länger lache.
Einfach, weil ich Zeit habe es richtig zu machen.
Ich schmecke mehr, wenn ich langsam esse.
Ich mag es Menschen länger zu umarmen,
damit ich spüren kann, wie sie ein- und ausatmen.

Himmelskleberei

Ich will dir eine Geschichte erzählen,
von einer Welt
mit vielen Rissen.
Von ganz vielen Menschen,
die dort leben.

Und von dem vielen Hass
und den Kriegen,
die die Menschen
auf dieser Welt erleben.

Aber auch von den vielen anderen
guten Dingen,
die die Menschen machen.

Von der Liebe des nächsten,
von der Fürsorglichkeit
und von der Geborgenheit.

Und von oben im Weltall
versuche ich,
die Risse der Welt zu kleben.

Mit diesen schönen Eigenschaften,
um dadurch all das Böse
und gegenseitige Verletzliche

wegzumachen.

Veränderung

Und plötzlich, ganz plötzlich
stellst du fest, wie die Zeit vergeht.
Vielleicht bist du gewachsen?
Vielleicht bist du reifer geworden?

Kritischer
Nachfragender
Hinterfragender
Andersdenkender

Vielleicht

Ich weiß es nicht.
Doch ich merke,
Veränderung war da, ist da,
wird immer dableiben.

Und dich immer begleiten.
Egal wo hin du gehst,
und woher du kommst.

Sie ist dein stetiger Begleiter,
sie wird dich formen
als Charakter,

der dich einmalig,
außergewöhnlich,
einzigartig,
unbezahlbar,
machen wird.

Vision

Ich habe mein altes ICH wiedergefunden.
In dem Lachen meiner Mum,
in den Zeilen alter Tagebücher,
in den Besuchen von Freunden,
in meinem Kinderbett,
und in alten Fotos,
sowie das Essen meines Dads.

Durch Erzählungen und Erinnerungen
leuchtet mein Altes ICH mir entgegen.

Und mit jedem Schritt
komme ich mir meiner Kindervision näher,
von der Person, die ich einmal sein wollte,
zu der Person, die ich heute bin.

Das Leuchten des Zerbrochenen

Glasscherben liegen verstreut am Boden.
Meine Augen suchen die Puzzleteile,
um Kaputtgegangenes
wieder zu Ganzem zu fügen.

Verteilt liegen sie herum.
Vorsichtig suchend,
verfangen sich meine Augen
im spiegelnden Licht.

Und kaputt gegangenes
trotzdem schön erscheinen lässt.

Raindrops

She was sitting there.
Close to the window,
where the heavy rain
was running down the glass
&
listened to the sound
of old patterns,
when water hits the ground
and starts to splash around.

Freiheit

Und dann dreh ich mich im Kreis,
denn gerade jetzt in diesem Augenblick
fühle ich mich so frei.

Keine Ängste, keine Sorgen,
ich gehöre nur mir allein.

Ich bin ich
und völlig zufrieden,
wie ich bin.

Habe alle Lasten abgeworfen,
Erwartungen zurückgeworfen,
Ketten auseinandergerissen.

Atme ein, atme aus.
Endlich bin ich frei.

Und die Vögel am Horizont fliegen vorbei
und ich träum ich wäre dabei.

Denn endlich bin ich frei.

Ich habe meine Schutzmauer abgelegt,
die mein Herz sonst immer umgibt,
doch jetzt ist endlich Schluss damit.

Jeden Tag habe ich daran geklopft.
Bis zarte Risse erschienen sind,
die Stück für Stück
größer geworden sind.

Bis die ganze Mauer brach.

Und jetzt liegt mein Herz da
Völlig nah

Und endlich akzeptiere ich mich.
Ich fühle mich so frei,
gehöre mir nur allein.

Jeden neuen Schritt,
den ich jetzt wag,
ist ein neuer Atemzug, in ein neues Leben
voll mit Zuversicht und Glück.

Wie wäre...?

Wie wäre die Welt ohne Krieg?
Mit gerechten Bildungschancen und
mit schöner Musik
die durch die Gassen fliegt?

Mit glücklichen Menschen,
die miteinander tanzen,
egal welche Herkunft
und welche Sprache sie sprechen.
Die sich akzeptieren,
respektieren.

Wie wäre ein Leben,
ohne Existenzängste?
Eines voll mit Zuversicht?
In der miteinander gelacht wird,
egal welchen Namen man trägt
und welche Religion jemand besitzt.

Wie wäre die Welt ohne Hunger?
In der jeder mit jedem teilt,
um das menschliche Leiden
auf ein Minimum zu halten?

Ja, wie wäre die Welt ohne Grenzen?
In der es alles gibt?
Und jeder einen Ort findet
an dem Mensch sein darf,
wie Mensch ist?

In der keiner abgestoßen wird?
In der es für jeden ein bisschen Zuneigung
Liebe und Vertrauen gibt?

Ja, wie wäre die Welt,
wenn es all diese Sorgen nicht gäbe?

Wäre es vielleicht, nur vielleicht
eine Annäherung an die Idealvorstellung,
die wir in unseren Herzen
seit Jahren herumtragen?

Eine kleine Knospe,
die wir wie die Pflanze
täglich gießen müssen,
damit sie wachsen kann?

Und sie sich vielleicht irgendwann
mit unserer Idealvorstellung
vom Leben messen kann?

Wünsche

Ich wünsche mir für dich:
Ein wenig Sonnenschein im Regen.
Eine Umarmung bei Tränen.

Ein Lichtblick in düsteren Tagen.
Ein Tee bei schwierigen Fragen.
Einen Zuhörer bei Klagen.
Eine helfende Hand
in schwierigen Lagen.

Den Mut es zu sagen,
und die Courage es zu wagen.
Und wenn die Ängste nagen,
die Zuversicht, dass die Zukunft
besseres verspricht.

SOMMERLUFT

Meerweh

In Gedanken
steigt Seegeruch in die Nase.
Salzig frischer Wind
bläst sanft einem ins Gesicht.

Haarsträhnen lösen sich,
flattern rundherum.
Füße graben sich
in körnig goldenen Sand.

Weiße Schaumwellen
überschlagen,
plätschern leise.

In der Ferne
& ganz nah,
liegt das blaugrüngraue Meer.

Am Horizont ziehen leise
Schiffe bahnen.

Und die Sonne
hinterlässt beim Untergehen
Orangerote Farben.

Sommerluft

Sommerlust
Blumenduft
Flip-Flops tragen
Kurze Hosen
T-Shirts in vielen bunten Farben
Eis essen
Selbst beim Sitzen schwitzen
Seeschwimmen

Lange Tage, kurze Nächte
Offene Fenster
Balkon und Hinterhausgeräusche
Barfuß laufen
Radler trinken
Sonnenschirme
Gekühlte Limonade

Schattenspendende Bäume
Sonnenbrillen und Sonnenmützen
Milchig weiße Sonnencreme
Sandalen

Hitze in der Stadt
Asphaltflirren
Blätterrauschen
Füße im Fluss
Picknicken

Im Park Bücher lesen
Frühschwimmen
Rad fahren

Adiletten tragen
Haare kurz schneiden
Sich kaum bekleiden
Luft zufächeln

Im Park grillen
tanzen
wild umherwirbeln
Wassermelonen essen
und Kirschkerne so weit wie es geht
ausspucken.

Verbindungen

Ich mag, wenn die Wolken sich bewegen.
Wenn die Sonne sie farbig anstrahlt
beim Untergehen.

Wenn kleine Himmelsflecken aufblitzen,
und wieder verschwinden.

Es ist wie ein ewiges Kommen und Gehen.

Die Erde dreht sich.
Auf Tag folgt Nacht,
auf Sonne folgt Mond.

Und die Wolken dazwischen verbinden,
unsere Erde mit dem Himmel.

Sommerregen

Tropf um Tropf,
fällt es vom Himmel.
Bringt etwas Kühle
in das flimmernde Schwüle.

Es ergießt sich über Wiesen,
Weiden & Felder.

Jeder atmet auf.
Zieht mit Mund und Nase
den frischen Geruch hinauf.

Genießt das Tröpfeln am Fenster,
auf Blechtonnen klingt es besonders laut.

Manchmal verfärbt sich der Himmel
ziemlich dunkel und grau.

Und doch erhascht man ab und zu
bunte Regenbogenfarben.

Und erspäht Kinder,
die mit nackten Füßen
im lauen Sommerregen

tanzen.

Nacktbaden

Es war einer dieser Sommertage,
die nicht enden wollenden.
In denen die Tage länger sind,
und in denen die Sonne mehr scheint.

Die in denen man bis
spätabends draußen sitzt,
und sich abkühlt,
in dem man was Kaltes trinkt.

Alles fühlte sich ein bisschen heißklebrig an.
Und die Luft stand in den Gassen
und auch auf den Dachterrassen
sah man das Flimmern der Hitze
über der Stadt.

Und genau an so einem Tag,
gingen wir nachts an den nächsten Strand.
Liefen lachend voreinander her,
denn alles war so unbeschwert.

Drehten uns im Kreis,
rannten um die Wette.
Versteckten uns wie kleine Kinder,
voreinander an jeder Ecke.

Und als wir ihn erreichten,
war es fast als rissen wir
uns unsere Kleider vom Leib.

Weg mit dem einengenden schwitzigen Zeug.

Liefen dem Wasser entgegen,
spritzen uns zu
ließen uns fallen
trieben auf dem Wasser,
dass unsere ganzen Körper umhüllte.

Weich und doch wild zugleich,
schwammen wir unter dem Sternenhimmel.

Fühlten uns schwereleicht
und ein bisschen
wie aus einer anderen

Zeit.

Chlorwellenträume

Passieren sommertags,
wenn das Meer und Strand
zu weit entfernt liegen,
um schnell dorthin zu fahren.

Plitsch Platsch,
viel zu viele Kinder und Menschen
sind im Schwimmbad.

Lautes Gekreische und Lachen
klingen in meinen Ohren.

Deswegen liege ich lieber zuhause,
schwitzend auf den kalten Küchenfliesen.
Und habe Chlorwellenträume

von mir allein,
wie ich kühlend im Wasser liege.

Über mir der knallblaue Himmel
und heiße Sonnenstrahlen.
Und um mich herum
blaugrüne Chlorwellengeräusche.

Schwipp Schwapp
auf ab
Plitsch Platsch.

...

Lichtschattentanz
Milchig weißes Licht
Punkteförmig an der Wand

Durch Jalousien Rollen

Eingefallen
Hingefallen
Reingefallen

Schattenmustertanz

Glückseligkeit

Du sagst, du bist glücklich
und ich bin es auch.
Füße baumelnd
leicht taumelnd
vom letzten Tanz.

Lehn ich mich leicht
an dich an.
Schaue in den dunklen
Sternenhimmel

und denke mir leise
je mehr man teilt,
desto voller wird
die Glückseligkeit.

Am See

Frittenbudenduft liegt in der Luft.
Quietschende Badesandalen
kommen entgegen.
Spritzendes Wasser
rinnt herab.

Eiskalt perlend,
vermischt mit milchiger Sonnencreme.
Kühler Wind weht sanft
über schwitzende Körpermassen.

Verdorrte Wiesen,
Gekühlte Getränke,
abends draußen sitzen
bis Mitternacht.

Ventilatoren drehen,
Fliegen summen.

Sommer ist gelungen.

Traumtänzerin

Leise dringt Musik
aus der Tür des Raumes.
Kaum hörbare Schritte
auf dem Holzboden.

Sie tanzt.

Wiegt sich im Rhythmus der Musik
und dreht sich immer und
immer weiter im Kreis.

Versunken in einer anderen Welt.
Ab und zu erhascht man
im Spiegel die Silhouette,

die verzögert die Bewegungen einfängt
und doch nicht wirklich
festhalten kann,

denn der Tanz gehört
nur ihr allein.

...

Schaukeln in der Nacht.
Die Sterne leuchten,
wie für mich gemacht.

Und unter mir
die Lichter der Stadt.

Vor und zurück
Heller und dunkler.

Der Wind bläst ins Gesicht
macht mich ganz wach.

Das Leben ist gleich viel schöner,
wenn man ein bisschen
schaukelt in der Nacht.

Unbeschwerte Zeiten

Lachend am Strand
Barfuß im Sand
Tanzend umherkreisen
Wellenrauschen
Windbrausen und
Möwengeschrei

Und ich wünsche mir
für jeden Menschen
Zeit zum Innehalten
und ein Gefühl
von Unbeschwertheit
& Leichtigkeit
zu erreichen.

...

Unbedarft im Regen spielend
Pfützen hüpfen, bis die Hosen triefen,
leuchten gelbe Gummistiefel
und bunte Regenschirme
im grauen Frühlingsregen.

Blütenblätter fallen runter
bedecken Straßen und Wiesen
und Hunde schütteln
ihr Fell mit fliegenden Spritzern
zwischen Tür und Angel aus.

Der perfekte Sonntag

Fahrrad fahren
Sonnenstrahlen
Lachen
Spielen
Gute Musik

Auf dem Steg im Wasser liegen
Füße baumeln
Wind verwehte Haare
Meeresrauschen
Möwen krächzen

Vielleicht sogar ein Eis lecken.
Draußen bleiben,
bis die Sonne untergeht.

Und man traurig ist,
und sich fragt,
wieso der Tag
so schnell vergeht.

...

Ich will tanzen
und singen
und lachen.
Mich ganz in das Leben
hineinfallen lassen.

Morgens voller Freude
im Bett aufwachen
und abends voller Glück,
den Tag mit geschlossenen Augen
vorbeiziehen lassen.

Forró-Tanz

Kopf an Kopf
eng aneinander
spüren wir die Musik.

Dein Finger
klopft an meinem Rücken
im Rhythmus mit.

Wir schieben uns
sanft vor und zurück.

Ich schließe die Augen
berauscht vor Glück.

Erste Sommertage

Im Park
barfuß tanzend,
wie ich es mag.

Eng umschlungen,
Kopf an Kopf.

Führst du mich
über die frische grüne Wiese
im Takte der Musik.

Und meine Füße
wippen abends im Bett
immer noch im Beat.

Walking on Sunshine

Meine Füße barfuß
auf dem Boden.
Betonfalten,

ein bisschen Grün,
spüre alle Ecken,
Kanten und spitze Steinchen.

Und ich mag,
das alles zu spüren.

Laufe der Sonne entgegen.
Wachsende Schatten
meiner Figur
fallen hinter mir nieder.

Und mein Gesicht
strahlt im Sonnenlicht
abends so rot
wie, als hätte ich Fieber.

...

Wind verfängt sich
in den Haaren.
Sand klebt am Körper
setzt sich fest.

Wellenwogen
wachsen größer,
brechen langsam.
Weiße Gischt,
salzige Luft
in den Lungen
und ein leicht fischiger Geruch.

Möwen kreischen
und fliegen,
halten Ausschau
nach den Brötchen.

Surfer folgen dem Wind.
Gleiten durchs Wasser
schnell wie Raketen.

Meine Beinhosen
sind unten nass,
da kurz staunend
nicht aufgepasst.

Und das Wegrennen
vom Wasser
verpasst.

...

Sonne geht
purpurrot hinunter.
Mond zieht
langsam auf.

Farblicher Kontrast,
schummrig dunkel.

& trotzdem ist nachts
so viel mehr am
Funkeln.

…

Ich schaue so gerne den Menschen zu,
wenn sie sich an die Hand nehmen,
und sich zusammen bewegen.

Wenn sie sich umherwirbeln,
und zwischendurch lachen.
Und auch wenn sie eng umschlungen
kleine Schritte machen.

Und sich im Takte der Musik
losgelöst
eine Freude machen.

...

Sand zwischen den Füßen
Meeresrauschen
Blauer Himmel
Ich drehe mich

schneller
& schneller
& schneller

Stopp
Innehalten

Will dieses
Gefühl gerade
hier zu sein,

mit meinen Fingern
in meinem Herzen
festhalten.

...

Wasser weich
Hüllen gleich
Wellen sanft
Drifte weg
Lasse los
Komme an
Entspanne später
dann am Strand.

Sternschnuppennacht

Und da sitzen wir am Seerand,
legen uns zurück.
Starren in den Sternenhimmel
warten auf das sie runterfallen.

Ein kurzer Moment,
ein Augenschlag
schweift vorbei.

Hell erleuchtet
im Universum,
eine kleine
kurze Ewigkeit,

ist nun vorbei.

…

Meeresrauschen
Wellenwogen

Weiße Gischt,
spritzt nach oben.

Spült neues an,
zieht altes weg.

Hinterlässt
Muschelspuren.

Und der Horizont
hinter dem Meer

verschwimmt
ohne Konturen.

...

Ich habe letztens ein Stück
vom blauen Himmel geklaut.
Trage ihn jetzt jeden Tag
in meiner Hosentasche.

Und wenn es mir zu dunkel ist,
zieh ich einfach
mein Stück Himmel raus
klebe ihn an meine Deckenwand.

Und grinse glücklich
in mein Himmelweitesdeckenblau.
wow

...

Wenn der Mond scheint
und die Sterne
am Firmament funkeln,
denke ich mir jedes Mal aufs Neue,
die Welt und das Leben darauf
ist so ein unglaubliches Wunder.

...

Ich laufe der Sonne entgegen.
Schritt für Schritt.
Es gibt nichts anderes
nur meine Füße,
die abwechselnd den Boden berühren.
Mein Atem, der mich umgibt
und das Glück das Leben zu genießen
Stück für Stück.

...

Ich schließe die Augen,
lausche dem Meeresrauschen,
dass gleichmäßig
gegen die Brandung schlägt.

Die Sonne wärmt mich
wie eine Decke,
die sich leicht
auf meinen Körper legt.

Ich fühle mich
unendlich geborgen
von der Natur,
die mich umgibt.

Sommerabdruck

Hitze.
Wasser.
Meeresschwimmen.
Wäsche trocknet in Sekunden.
Ein Kuss an der Bushaltestelle.
Ein Foto vom Segelboot, das in den Abend gleitet.
Ein Eisknutscher von Kugeln, die sich gerne haben.
Ein Selfie von dir.
Sonnebrillengesuche
& schon wieder Sand im Rucksack.

Pirouetten

Ich trage mit Stolz
den Dreck an den Füßen
nach Hause.

Denn ich habe einfach
meine Schuhe ausgezogen
und mit anderen Menschen
zusammen getanzt.

Bis der Mond
über uns erschien
in seinem vollen Glanz
und Lichter uns führten

und uns von Pirouette
zu Pirouette
fast ein bisschen
schwindelig wurde.

Sommerblumen

Es gibt Tage,
da fallen kleine Sonnen auf die Erde
und finden sich in Blumen wieder.
Die sich verschließen
und ehrfürchtig verneigen
vor der Nacht.

& grinsend aufwachen,
wenn ihre große Schwester
am Himmel
den Tag knallblauleuchtend
startklar macht.

Karusseltage

Ein Hauch von blau
taucht am Himmel auf.
Sonnenstrahlen fallen endlich wieder
auf die Erde drauf.

Und wir lassen uns treiben
in den Abend hinein,
steigen von Riesenrad
zum Kettenkarussel
im Wechsel drehend.

Auf & Ab

Drehen uns heute öfters
als sonst im Kreis.
Betrachten die Erde von oben herab
und baumeln mit den Füßen,
wie Kleinkinder auf Mauern,
an einem besonders guten Tag.

...

Wir tanzen unterm Sternenhimmel,
drehen uns im Kreis.
Und ich träum davon,
dass hinter jedem Fußtritt
der Asphalt zerbricht.
Und durch all die entstandenen Risse
neues Leben bricht,
dass sich hochschlängelt,
in die Höhe wächst
und auf dem Beton
Blumenfarbkleckse hinterlässt.

Leichtigkeit

Beinahe Schwerelosigkeit,
die Füße berühren den Boden kaum,
bewegen und tanzen, wie im Traum.

Lauschen dem Rhythmus der Musik,
um zur richtigen Zeit,
die Schritte zu setzen.

Und sie hintereinander aufgereiht
wie eine Perlenkette
leicht aufblitzen.

Innehalten

Abschalten.
Zeit für sich allein schaffen.
Schöne Dinge machen.
Mit sich zufrieden sein,
Augen schließen,
vielleicht träumen.

Ruhe genießen.

In sich gehen.
Vertrauen haben.
Hoffnung spüren.
Geborgenheit kreieren,
sich wohlfühlen
und lieben.